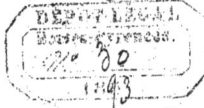

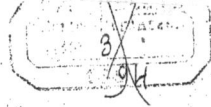

RÈGLEMENS GENERAUX

SUR

L'EXERCICE DE LA POLICE

POUR SERVIR

Aux Habitans de la Vallée de Barousse

N. B. — Ce document est la reproduction textuelle et intégrale du Règlement qui fut imprimé en 1772.

TARBES. — J.-A. LESCAMELA, IMPRIMEUR DE LA PRÉFECTURE.

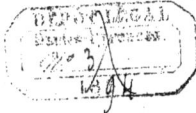

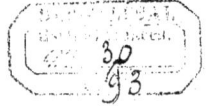

RÈGLEMENS GENERAUX

SUR

L'EXERCICE DE LA POLICE

POUR SERVIR

Aux Habitans de la Vallée de Barousse

Les fréquentes contestations qui surviennent journellement entre les habitans de cette Vallée (source infaillible d'une multitude de proces), ont donné lieu à la réclamation d'un Règlement général et uniforme de police.

Le sieur Dutrey, en qualité de Syndic-Général du Pays, aurait cru ne pouvoir mieux marquer son zéle ordinaire à la Patrie, qu'en représentant à l'assemblée du 16 mars dernier 1765, la nécessité de cet établissement, tant pour arrêter les progrès des abus qui se sont successivement introduits, que pour prévenir les plaintes réitérées qui lui étoient journellement portées. En conséquence, nous aurions été chargés par délibération générale du même jour, de vouloir donner toutes nos attentions à régler ces différens points, proposés d'une maniére assez simple, pour la mettre à portée de tous les Habitans. Nous aurions examiné les privileges de ladite Vallée, que nous aurions conciliés avec les Arrêts de Réglement et les Mémoires relatifs aux objets à régler qui nous auroient été remis de part et d'autre ; nous y avons travaillé avec la plus exacte et la plus sérieuse occupation, mais non avec tout le succès que nous aurions désiré. Outre que les principes sur lesquels nous donnons ce Réglement se trouvent différens dans leurs qualités, la matiere nous a paru trop étendue pour la traiter dans son entier ; mais nous espérons que nos concitoyens, animés du même zéle que nous, voudront bien y suppléer, lors de l'exécution, avec toute la prudence convenable, selon les différentes circonstances. Ce sera pour lors qu'un chacun recueillira avec satisfaction le fruit qu'il attend de notre travail, dont la seule considération du bien public faira tout le prix, espérant que le même motif en méritera l'autorisation.

(C.)

ARTICLE PREMIER.

Il sera nommé tous les ans dans chaque communauté de la Vallée de Barousse, en la forme usitée, deux Consuls et un Mande, qui ne soient parens ni alliés des Consuls qui sortiront de charge, comptables ni rélicataires de la communauté, et ne sera nommé que des personnes de bonne vie et mœurs, et responsables du montant des Impositions Royales et autres sommes que la communauté pourra leur mettre en main; de laquelle responsabilité les nominateurs demeureront responsables eux-mêmes.

II. — Lesdits Consuls exerceront régulièrement la Police, chacuns dans leur district; ils taxeront le prix du vin, pain et viande qui se débitera dans l'étendue de la communauté, selon le temps et la qualité des denrées, et suivant l'usage. Si un Cabaretier, Boulanger ou Boucher se trouve Consul, il ne pourra donner prix ni chez lui ni ailleurs à des marchandises de l'espèce de celles qu'il débitera; dans ce cas sera joint à l'autre Consul un homme connoisseur et de probité pour fixer ledit prix.

III. — Lesdits Consuls ne pourront priser le vin que les particuliers, autres que de Cabaretiers, vendront provenant de leur cru, lesdits particuliers ayant le droit de le vendre en gros ou en détail et à tel prix qu'ils aviseront, sans que lesdits Consuls puissent en prendre connaissance ni s'y immiscer directement ni indirectement.

IV. — Ne pourra être tué pour vendre à la Boucherie ou autrement aucuns bœufs, vaches, veaux, moutons et autres animaux, qu'ils n'ayent préalablement été visités par les Consuls ou autres préposés par la communauté, pour savoir si les chairs seront de la qualité requise, et lesdites chairs ne pourront être exposées en vente qu'elles n'ayent été prisées par les Consuls; le tout à peine de trois livres d'amende pour la première fois et du double en cas de récidive.

V. — Lesdits Consuls fairont souvent la visite des Cabarets, et notamment les jours de Fête, pour empêcher que les cabaretiers ne vendent du vin pour boire chez eux pendant les Divins Offices ni après dix heures du soir, conformément aux Réglemens généraux de la Police, et s'ils trouvent les cabaretiers en contravention, les puniront en quarante sols d'amende pour la première fois, et au cas de récidive en la somme de trois livres.

VI. — Si aucun refuse de sortir des cabarets et s'obstine à y rester pendant les heures défendues par l'article ci-dessus, les Cabaretiers seront tenus d'en avertir les consuls, lesquels se transporteront auxdits cabarets et les faire vuider, et puniront les rebelles en trente sols d'amende, et si le rebelle resiste, désobéit au Consul, il sera arrêté sur le champ, et le procès lui sera fait suivant la rigueur des Ordonnances; et s'il arrivoit que les Consuls se refusassent aux réquisitions desdits cabaretiers à moins d'excuse légitime, ils seront punis par le Conseil politique du lieu, en la somme de trois livres d'amende.

· VII. — Seront tenus lesdits Consuls veiller qu'il ne soit point fait de fraude par les Bouchers, Cabaretiers et Boulangers, dans les poids et mesures, ni sur la qualité des marchandises, et que le vin ne soit frelaté, et puniront les fraudeurs, savoir les cabaretiers pour la frélature, en quarante sols d'amende pour la première fois, et du double en cas de récidive, et pour mieux empêcher la frélature, lesdits Consuls auront le soin de cacheter le bondon de la pièce, qui contiendra le vin qu'ils priseront, et si le cabaretier leve ou fait lever ces cachets avant le vin n'aura été débité sans ordre desdits Consuls, sera puni par ces derniers en la somme de cinq livres d'amende, les mêmes pour la mesure courte, par la confiscation des mesures et trente sols d'amende, et double amende en cas de récidive ; les Bouchers, confiscation des balances fausses et poids courts, et quarante sols d'amende pour la première fois, et double amende en cas de récidive. Les Boulangers en coupant en quatre les pains courts en quarante sols d'amende, et au cas de récidive le pain court de poids sera confisqué et distribué aux pauvres, et l'amende sera double.

Et si lesdits Cabaretiers, Bouchers et Boulangers sont surpris une troisieme fois, en fraude, et qu'il paroisse par la nature de la fraude, qu'il y a dessein prémédité de leur part de voler le public, seront arrêtés sur le champ, pour le procés leur être fait suivant la rigueur des Ordonnances, comme affronteurs publics.

· VIII. — Les Consuls seront aussi tenus veiller que les mesures, aunes, canes, poids et balances de tous ceux qui débiteront et vendront publiquement des grains, sel, huiles, eau-de-vie, poivre, tabac, et autres marchandisses de quelle nature qu'elles soient, soient justes et conformes aux regles, et si elles sont trouvées courtes, seront confisquées et le marchand puni en vingt sols d'amende, et en cas de récidive double amende, et si les marchandises étoient reconnues frélatées à dessein de tromper le public, elles seront confisquées, et déposées entre les mains du Syndic de la Vallée, pour être ensuite vendues sommairement à l'encan, et le produit, ainsi que celui des amendes, employé aux réparations publiques du lieu, ou distribué aux pauvres, ainsi qu'il sera avisé par le Conseil politique, lorsque le cas le requéra.

IX. — Auquel éffet, il sera fait à la diligence dudit sieur Syndic aux frais du corps, des mesures et poids pour jauger et égaliser celles dont on se sert dans ladite Vallée, savoir, quatre en fer, bronze ou cuivre, l'une contenant une livre, une autre demi-livre, une un quart de livre, et l'autre un demi-quart, pour tout ce qui se vend à la livre faite et non à la balance ; quatre mesures d'étain ou de cuivre pour la vente du vin, c'est-à-dire, pot qui doit contenir cinq livres, demi pot appellé quart, qui doit contenir deux livres et demi, le quart de pot appellé uchau, doit contenir une livre un quart, et demi uchau, appellé peyrot, qui doit contenir de huit portions de la livre, les cinq ; quatre mesures de bois bien ferrées, pour la vente des grains.

C'est-à-dire, la mesure, le coussé, le boisseau et la pugnere ; des poids, depuis la livre jusqu'au quart d'once, tant poids de marc, poids de table, que poids de boucherie pour tout ce qui se vend à la balance, une cane ou les pams soient marqués pour tout ce qui se vend à la cane, lesquelles mesures et poids seront marqués séparement et déposés en un endroit désigné en Assemblée générale de la Vallée, ou toutes les communautés seront tenues d'abord après la publication du présent aller faire échantiller et égaliser celles dont ils voudront se servir, auquel éffet, le préposé y mettra pareille et semblable marque qu'aux matrices, et ce gratis, et sans qu'il puisse rien être exigé pour cela par ledit preposé, l'usage de toutes mesures non marquées étant interdit sous peine de trois livres d'amende.

X. — Lorsqu'il y aura quelque troupeau, soit de brebis, chevres, vaches ou autres bestiaux attaqués des maladies sujettes à se communiquer, soit qu'il se trouve sur la montagne ou ailleurs, le propriétaire sera tenu d'en avertir les Consuls, qui, de concert avec le Conseil politique, indiqueront un quartier proportionné au troupeau pour son pâturage, et ce fait le gardien ne pourra lui laisser passer les bornes, comme aussi les proprietaires desdits troupeaux, seront tenus dans l'instant faire enterrer profondemment toutes les bêtes desdits troupeaux qui mourront desdites maladies, afin de prevenir l'infection, et éviter que les chiens qui les gardent ou autres mangent desdites bêtes mortes ; le tout à peine de demeurer responsables des dommages que causera l'inexécution du présent, pour lesquels dommages et dépens, les propriétaires seront solidaires avec leurs valets.

XI. — Si quelqu'un jette quelque charogne dans la riviere de l'Ourse, dans les ruisseaux, fontaines ou abreuvoirs de ladite Vallée, comme aussi s'il lave des chairs, linge, laines, étoffes ou hardes, ou s'il jette aucune sorte d'immondice dans les endroits où il est d'usage de remplir les cruches, ou dans les auges ou autres lieux destinés à abreuver les bestiaux, mais tant seulement au-dessous des susdits endroits, il sera puni pour la premiere fois par les consuls du lieu, en quarante sols d'amende, et en cas de récidive, en la somme de quatre livres, desquelles amendes les Maîtres seront responsables pour leurs domestiques.

XII. — Comme ceux qui empoisonnent le poisson dans la rivière de l'Ourse et ruisseaux de ladite Vallée, le font à une heure indue, et que par conséquent on ne peut en avoir de preuve, et que ceux-là gâtent le poisson, il est défendu à toutes personnes de quel sexe, âge et condition qu'elles soient, de pêcher dans ladite rivière et ruisseaux, aux endroits où l'empoisonnement aura été fait le jour dudit empoisonnement, à peine d'être réputés les auteurs ou complices du susdit empoisonnement, et d'être poursuivis suivant la rigueur de l'Ordonnance de Eaux et Forêts.

XIII. — Les Consuls veilleront, chacuns dans leur district, qu'on ne gâte par les rues de la communauté, par des anticipations en bâtissant, en y pratiquant ou conduisant des éviés, latrines et autres choses de cette nature ; défenses sont faites de mettre du fumier, terraux ni autres immondices dans les rues, et qui embarassent la voie publique, et gâtent l'air par leur mauvaise senteur : comme aussi veilleront sur la conservation des chemins publics, et que les riverains ni empietent point, que les haies qui les bordent soient taillées deux fois l'année, aux commencement de juillet et d'octobre, que les branches des arbres qui bordent lesdits chemins soient coupées à neuf pieds de hauteur, même les arbres coupés à la racine, s'ils gênent la voie publique, et le libre cours des voitures, auquel éffet, tous particuliers qui ont des possessions aux bords desdits chemins, seront tenus incessamment après la publication de ce Réglement de mettre leurs haies et arbres aux termes du présent article, et au cas lesdits Consuls trouveront quelqu'un contrevenant à quelqu'une des dispositions dudit, les puniront en vingt sols d'amende, et leur enjoindront de faire la réparation dans un délai fixé, passé lequel et en refus lesdits Consuls pourront faire faire la réparation aux frais et dépens du refusant, et au cas de refus ou négligence de la part desdits Consuls de tenir la main à l'exécution du présent, seront punis par le Conseil politique en la somme de cinq livres d'amende.

XIV. — Lorsqu'un éboulement se faira de la fermure ou de la pièce d'un particulier, et que la terre ou matériaux de l'éboulement tombe sur les rues ou chemins publics, le propriétaire sera tenu incontinent faire lever lesdites terres et matériaux à peine de vingt sols d'amende, à moins d'excuse légitime ; comme aussi ceux qui en conduisant les eaux pour l'arrosement des preries, ou aux moulins et autres édifices, occasionnent la dégradation des voies publiques, seront tenus réparer le dommage sur le champ à leurs frais et dépens, sous les mêmes peines que dessus.

XV. — Est enjoint à tous habitans de ramoner au moins quatre fois l'année les cheminées ou ils allumeront feu, auquel éffet les Consuls fairont ou fairont faire en leur présence deux fois l'année la visite dans toutes les maisons des cheminées où l'on allume du feu, et si elles sont trouvées trop chargées de suie, ou que le feu y prenne, les propriétaires seront punis en trois livres d'amende, pour la première fois, et en cinq livres en cas de récidive, applicable comme dessus.

XVI. — Lesdits Consuls commanderont les corvées de la Communauté pour travailler aux ouvrages et reparations publiques aux Eglises, rues, chemins ou autrement, toutes les fois que le Conseil Politique du lieu le jugera à propos et celui desdits corveables qui ne voudra obéir sera puni par lesdits consuls, savoir : s'il est commandé avec charrette et bœuf, en vingt-quatre sols d'amande, et s'il n'est commandé qu'à la manœuvre, en douze sols pour chaque refraction aux ordres des Consuls.

XVII. — Lorsque les Consuls fairont mander l'Assemblée générale des Habitans du lieu, soit pour les affaires du Roi ou pour affaires publiques, tous lesdits Habitans seront tenus s'y rendre, à moins d'excuse légitime, à peine de douze sols d'amande, même de plus grande peine, suivant l'exigence des cas à la prudence du Conseil Politique, et si aucun se comporte indécemment dans lesdites assemblées, manque de respect en proferant de parolles sales et injurieuses, sera puni en douze sols d'amende pour la première fois, et en dix-huit sols en cas de récidive ; et si un des Consuls tombe lui-même dans le cas, il sera puni par le Conseil politique en vingt-quatre sols d'amende pour la première fois, et, au cas de récidive, en trente-six sols d'amende, et banni sur le champ de la charge de Consul.

XVIII. — Si quelque particulier ou bientenant a quelque idée a communiquer au Conseil Politique qu'il croie avantageuse à la Communauté, il pourra requérir les Consuls de convoquer ledit Conseil, ce qu'ils seront tenus faire ; mais s'il étoit jugé que la proposition fut oiseuse et dérisoire, le proposant sera condamné en la somme de trois livres d'amende, pour la première fois, et au double en cas de récidive.

XIX. — Lorsqu'une affaire aura été traitée en Assemblée de Communauté, et qu'il aura été délibéré de garder le secret, celui des membres de ladite assemblée qui le dévoilera sera puni en trois livres d'amende.

XX. — Lorsque les Consuls seront requis par quelqu'un de faire la recherche dans la Communauté d'une chose volée ou égarée, seront tenus le faire de suite avec fidélité, accompagnés des Habitans non suspects qu'ils pourront joindre au plus vite à eux, afin que le voleur n'ait le temps de déplacer le vol, et, s'ils trouvent le voleur, l'arrêteront ; s'ils ne trouvent que le vols, s'en saisiront et dresseront, le cas y écheant, leur verbal pour servir ainsi qu'il appartiendra à la partie requérante, auquel effet tous habitans et manans seront tenus prêter main-forte aux Consuls, et obéir à leur réquisition, à peine contre les refusans, à moins d'excuse légitime, d'être punis par le Conseil Politique en trois livres d'amende.

XXI. — Les particuliers qui prétendront qu'il a été commis du dommage en leur possession, soit en passant, soit par dépaissance, soit que les voisins ayent empiété les uns sur les autres, si ces particuliers se retirent devant les Consuls, lesquels se transporteront sur les lieux du litige, et mettront les parties d'accord, et, si lesdits Consuls n'ont pas assez de lumières par eux-même pour vuider la contestation, prendront des prud'hommes, ou autres personnes capables, pour leurs adjoints ; le salaire desquels, si point en est dû, sera payé par les Parties.

XXII. — Lorsque les Consuls seront requis pour faire l'Estimation des dommages causés sur les terres, arbres ou fruits, ils seront tenus se transporter sur les lieux, et parties présentes ou dûment appellées, dresseront verbal, tant du délit que du dire des parties, et, s'ils n'en sont capables par eux-mêmes, prendront personnes compétentes et non suspectes aux parties pour assesseurs, et rédaction du verbal aux fraix de la partie requérante.

XXIII. — Il sera nommé, toutes les années en Assemblée générale de Communauté, des gardiens publics pour les cochons, jumens, bétail à grosse corne et chevres, le salaire desquelles gardes sera donné à la moins-dite, et seront nommés, ceux qui fairont la condition meilleure, à tant par tète, et moitié moins les petits, savoir, des jumens et bétail à grosse corne au-dessous d'un an, et des cochons et chevres au-dessous de six mois, auxquels gardiens publics, tous les habitans seront tenus donner à garde leurs bestiaux et payer le salaire convenu, et si aucun s'y refuse, sera tenu garder ses bestiaux avec sûreté, et payer moitié moins au gardien public ; le tout en conformité et sous les peines portées par l'Ordonnance de 1669.

XXIV. — Aucuns ne pourront laisser vaguer, chevres, boucs et menons en aucun temps où ils pourront porter préjudice, et notamment sur les terres où il y aura des arbres fruitiers ou souches de vigne, sous les peines portées par l'Arrêt de Reglement du 24 mai 1725.

XXV. — Tous les propriétaires des troupeaux de moutons et brebis seront tenus, suivant l'usage de tous les temps observés dans la Vallée, de les envoyer annuellement vers la saint Jean-Baptiste, sur les montagnes, et les y laisser à la garde publique le temps accoutumé pour faire le fromage, à moins d'excuse légitime, jugée telle par le Conseil politique du lieu, et ce à peine de trois livres d'amende, applicable comme dessus pour la première fois, et cinq livres d'amende pour la seconde.

XXVI. — Si quelqu'un est surpris voler aucunes choses, soit aux ports, aux bois, aux moulins, scies, ou autres lieux de la Vallée, et que la partie plaignante s'en remette sommairement au Jugement des Consuls, et pourvu que le vol ne soit pas de conséquence, lesdits Consuls fairont réintégrer ou payer au propriétaire la chose volée, et puniront le fraudeur en la somme de trois livres d'amende envers les pauvres du lieu, et ce pour la première chûte seulement, sans tirer à conséquence, et en cas de récidive le voleur sera arrêté et le procès lui sera fait suivant la rigueur des Ordonnances.

XXVII. — Si aucun est surpris, de nuit ou de jour, conduire ou garder ses bestiaux dans les possessions d'autrui, faire manger les paccages ou autres produits des terres, et que le propriétaire des biens veuille s'en remettre au jugement des Consuls, les contrevenans seront punis par lesdits Consuls, pour la première fois, au paiement du dommage et en trente sols d'amende, et double amende en cas de récidive, au paiement de quoi les maîtres des bestiaux seront responsables pour leurs valets.

XXVIII. — Celui qui volera aucune espéce de grain en épis ni autrement, legumes, foin, paille, ou qui, sans la permission du véritable maître, enlevera d'une possession aucune espéce d'arbres en entier ou en partie, ou pommes, poires, raisins, figues, pêches, châtaignes, noix ni en brou ni autrement, que les plaignans ne veuillent point poursuivre les fraudeurs par information et s'en remettent à la discipline de police; lesdits fraudeurs seront condamnés à payer les choses volées, et en outre, les premiers, en trois livres d'amende, et les derniers en vingt-quatre sols, et double amende en cas de récidive, au paiement de quoi les peres seront responsables pour leurs enfans.

XXIX. — Si aucuns de ladite Vallée sont surpris recéler les vols qui pourroient être faits par des enfans de famille, par des valets ou servantes et autres personnes, favorisé ou coopéré auxdits vols, seront arrêtés sur le champ, et le procés leur sera fait suivant la rigueur des Ordonnances.

XXX. — Est défendu à toutes personnes de porter dans les mois de septembre et d'octobre, aucuns bâtons fendus ou avec crochet propres à enlever les raisins, ni des crochets à la poche à mêmes fins, à peine de confiscation desdits bâtons et crochets, et de dix sols d'amende, et double amende en cas de récidive.

XXXI. — L'usage constant dans le pays, que les quatre derniers mariés de chaque communauté doivent faire à leurs frais un brandon pour être brûlé la veille de saint Jean-Baptiste à l'endroit arrêté par la Communauté, continuera d'avoir lieu ; et ledit brandon sera fabriqué un temps avant afin qu'il soit sec ; et si quelqu'un desdits quatre derniers mariés manque de contribuer à la faction dudit brandon, sera tenu, à moins d'excuse légitime, payer à ceux qui le fabriqueront, vingt sols.

Les Consuls fairont commander dans la Communauté, que chaque feu allumant, à moins d'exemption légitime, porte un brandon à l'endroit où sera indiqué le feu, pour être brûlés tous ensemble et à la même heure, à quoi tous particuliers seront tenus déférer à peine de douze sols d'amende.

XXXII. — Dans chaque Communauté il sera nommé un carillonneur, dont le salaire sera payé et mis à la moins dite, lequel salaire sera payé suivant l'usage du lieu, ou de la meilleure façon que le conseil politique jugera à propos ; et celui de la Communauté qui ne voudra payer sa contingente portion, sera puni par les Consuls en dix sols d'amende, et de suite assigné par devant son Juge compétent, à la requête desdits Consuls, au paiement, tant de ce qui lui compétera pour sa part dudit carillonneur, que pour ladite amende.

XXXIII. — Sera nommé toutes les années, dans chaque Communauté de ladite vallée, des Marguillers qui soient de bonnes vie et mœurs, et qui ayent de quoi répondre de l'administration de leur charge ; et, néanmoins, l'argent et produit des grains et autres choses qui seront aux bassins, sera déposé dans un coffre fermant à trois clefs, dont l'une sera gardée par le Curé, une autre par les Consuls, et la troisième par lesdits Marguillers, auquel éffet ledit coffre sera fait incessamment dans les lieux où il n'y en a point ; comme aussi les dons et offrandes qui seront faits aux bassins, seront vendus de suite au sortir de la Messe de Paroisse ou Vêpres, à l'enchere, et délivrés au plus offrant, pourvu que ce soit sans dol ni fraude, et les fonds provenant desdits dons seront employés à l'entretien de l'Eglise, suivant la destination qui en sera arrêtée par le Conseil politique, où le Curé sera appéllé, dans lequel Conseil les Marguillers porteront un état fidele de leur gestion, lequel état sera présenté et communiqué audit Conseil de trois en trois mois pour y faire les observations convenables ; et, à la fin de l'année, lesdits Marguillers rendront un compte définitif, qui sera clôturé par ledit Conseil, faute de quoi il sera usé des voies convenables pour forcer lesdits Marguillers à ladite reddition de compte.

XXXIV. — Le pain-beni qui se distribue les jours de Fêtes dans les Eglises de la Vallée, continuera d'être fourni par les Habitans, tour à tour, sur l'avertissement qui leur en sera donné huitaine avant par celui qui en fait la distribution. Celui qui, ayant été averti, manquera de le remettre, y sera contraint par les Consuls, et, en outre, condamné en dix sols d'amende, à moins d'excuse légitime, auquel cas celui dont le tour n'étoit que la huitaine après, sera tenu anticiper la fourniture, auquel effet sera fait un rôle toutes les années, de ceux qui devront faire ladite fourniture, dans lequel ne seront compris ceux reconnus ne pouvoir la fournir ; et même, si aucun des Habitans va se placer pendant les Divins Offices contre le bénitier de l'Eglise, de maniere à troubler ceux qui approchent pour prendre de l'Eau-bénite, sera puni par les Consuls en dix sols d'amende et en quinze sols en cas de récidive ; et lors que les petits enfans fairont du bruit en pleurant ou autrement, dans ladite Eglise, les Consuls ordonneront à ceux qui garderont lesdits enfans, de les sortir de ladite Eglise, et chacun des refusans sera puni par lesdits Consuls, en huit sols d'amende, et en douze sols en cas de récidive ; toutes les amendes du présent article applicables au bassin du Saint-Sacrement.

XXXV. — Lorsque la découverte des loups ou des ours aura été faite dans quelque canton de la Vallée, les Consuls des Communautés voisines fairont commander les Habitans de se rendre avec leurs armes à jour et heure fixes sur ledit canton, et donneront la chasse auxdites bêtes féroces, à peine contre lesdits Consuls d'être punis par le Conseil politique en la somme de trois livres d'amende pour la première fois, et du double au cas de récidive ; auquel effet les Habitans seront tenus obeir à l'ordre des Consuls, à peine contre chacun des contrevenans de dix sols d'amende, et du double au cas de récidive, à moins d'exemption.

XXXVI. — Lorsque les loups se seront jettés à troupes généralement dans tous les bois de la Vallée, ce qui arrive quelquefois, et causent un grand dommage, le Syndic général de ladite Vallée mandera à tous les Consuls des Communautés d'icelle, de commander la chasse générale pour le jour et heure indiqués par ledit Syndic ; auquel éffet tous les feux allumans seront tenus, à moins d'excuse légitime, se rendre ou envoyer avec armes, personne suffisante sur le quartier indiqué pour donner la chasse aux loups ou autres bêtes féroces dans toute la Vallée ; si lesdits Consuls manquent de déférer à l'ordre dudit Syndic, seront punis par le Conseil politique du lieu, en trois livres d'amende, et du double en cas de récidive ; et si les Habitans manquent d'obéir à l'avertissement des Consuls, seront punis par lesdits Consuls, en dix sols d'amende, et du double en cas de récidive, à moins d'excuse légitime.

XXXVII. — Est dûfendu à toutes personnes de chasser sur les terres semées en petits millets dans le temps qu'ils sont sujets à se gâter, soit avec chiens ou sans chiens, à peine d'être poursuivis extraordinairement en conformité des Règlemens à ce sujet.

XXXVIII. — Les particuliers qui auront des servitudes et droit de passer sur les fonds d'autres, seront tenus en user de la maniere la moins préjudiciable au propriétaire du fonds asservi ; c'est-à-dire qu'il passera avec charrette à l'endroit de la pièce que le propriétaire lui indiquera ; il ne pourra passer au quartier de la grosse récolte après le onze novembre jusqu'après la moisson ; et pour le quartier qui se séme en millet, ne pourra passer après le onze juin jusqu'après qu'il sera recueilli, et pendant l'autre temps de l'année il choisira pour passer avec charrette, à moins de nécessité indispensable, des jours que le terrein ne soit pas mouillé, au contraire sec et ferme ; le tout à peine de demeurer responsable envers le propriétaire du fonds qui doit le passage, du préjudice qui pourroit lui être causé, et en trente sols d'amende à la diligence des Consuls, et si en usant, ou au prétexte d'user de la servitude, le passant prend des fruits qui sont sur les terres servantes, il sera condamné par les Consuls à en payer la valeur au propriétaire, et en trois livres d'amende, et du double au cas de récidive.

XXXIX. — Que la servitude pour porter les fumiers et terraux dans les prairies, continuera d'être comme elle a été par ci-devant jusqu'au vingt-cinq mars, en observant les mêmes regles, et sous les mêmes peines de l'article ci-dessus, passé ledit jour vingt-cinq mars aucun ne pourra faire usage de ladite servitude jusqu'à ce que la coupe des foins sera arrivée, que justement a pied, supposé qu'on ne puisse passer par ailleurs.

XL. — Lorsque quelque particulier sera troublé dans l'usage d'une servitude, dans la faculté de laquelle le public ou le particulier seront en possession, ledit particulier en avertira les Consuls du lieu, lesquels se transporteront avec des prud'hommes non suspects sur le lieu en litige ; et s'il est trouvé que la servitude serve à l'usage du public, soit pour la culture d'un quartier appartenant à la Communauté, soit pour conduire les bestiaux aux pâturages ou abreuvoirs, lesdits Consuls assembleront la Communauté, et lui fairont part du trouble ; et dans ladite assemblée sera arrêté de soutenir aux frais de la Communauté la maintenue en ladite faculté ; et s'il est trouvé que le litige n'intéresse que le particulier, lesdits Consuls ne fairont que dresser leur verbal de descente et d'assertion des faits qu'ils délivreront à la partie requérante pour lui servir et valoir ainsi qu'il appartiendra, et les frais dudit verbal seront à la charge de celui qui en aura besoin.

XLI. — Il sera clos dans chaque Communauté tel quartier des pâcages que les Consuls et Conseil politique jugeront à propos ; et nul, soit habitant, soit étranger, ne pourra y faire pâcager ses bestiaux de nuit ni de jour, que la permission n'en soit publiquement accordée, sous peine de trente sols d'amende pour chaque contre-venant qui sera surpris de nuit, et quinze sols de jour.

XLII. — Aucun particulier ne pourra retirer le gros millet des champs, ni ven-danger ses raisins qu'après la publication du jour que les Consuls et le Conseil de la Communauté auront indiqué pour commencer de cueillir lesdits fruits, sous peine de dix livres d'amende et confiscation dudit millet et raisins, conformément à l'Arrêt du Parlement du dix juillet mil sept cent quarante-sept ; ne pourront aussi aucuns parti-culiers mener pâcager leurs bestiaux sur lesdites terres jusqu'après l'entière depouille du quartier, à peine d'être punis par les Consuls en dix sols d'amende pour chaque entrée ; pourront néanmoins y faire pâcager les bestiaux qui voitureront ledit millet et raisins pendant le temps seulement qu'on préparera la charge.

XLIII. — Tout particulier qui se sera emparé d'aucune partie de vacans de la Vallée, sera tenu les délaisser à la première requisition qui lui en sera faite par les Consuls, si par quelque motif ou considération lui étoit permis de les garder, ce ne pourra être qu'à la charge de le bien fermer et séparer du restant, faute de quoi la permission deviendra de nul effet, et les bestiaux pourront y aller sans qu'il puisse prétendre aucuns dommages, ainsi au contraire s'il entreprenoit de chasser lesdits bestaux et leur faisoit prendre mal, ou les conduisant vers d'autres pieces, demeurera ledit particulier responsable du dommage qui sera causé auxdits bestiaux, et de celui que lesdits bestiaux pourront causer, et en outre condamné par lesdits Consuls en la somme de trois livres d'amende.

XLIV. — Celui qui sera surpris ouvrir les possessions d'un autre, soit qu'elles soient fermées avec mur, avec fossé, haies vives, haies mortes, avec des branches, épines ou autrement, sera puni par les Consuls en vingt sols d'amende, et en outre tenu de réparer l'ouverture, et en cas de récidive le procès lui sera fait suivant la rigueur des loix.

XLV. — Les marchands étrangers qui se rendront dans la Vallée pour acheter ou vendre, pourront étaler et vendre leurs marchandises de quelle nature qu'elles soient, pourvu qu'elles soient dans le commerce et non de contrebande, en place publique tous les jours, même les Dimanches et Fêtes chaumables, à moins de défense expresse de la part du conseil de la Communauté ; et si quelqu'un trouble lesdits marchands dans ladite faculté, attentoit à leurs personnes, les insultant, ou gâtoient leurs marchandises, les Consuls seront tenus faire cesser de suite lesdits troubles, et puniront les coupables en trois livres d'amende applicable comme dessus, sans préjudice du paiement des dommages causés aux marchandises, à l'égard desquels ils auront la liberté de s'en remettre à la justice desdits Consuls, ou de prendre la voie criminelle.

XLVI. — Si quelqu'un dans la vallée est reconnu pour malfaicteur, et qu'on ait témoignage de ses actions, comme aussi si quelqu'un met le feu aux bois communs de la Vallée, lesdits malfaicteurs et incendiaires seront dénoncés à la Personne publique et au Syndic de la Vallée, lesquels seront tenus faire les poursuites jusqu'à Arrêt définitif, de quoi la Vallée les relevera en principal, dépens dommages et intérêts, et comme mendataires de la Vallée.

XLVII. — Il sera nommé tous les ans dans chaque Communauté de la Vallée, un Messier pour garder les fruits et veiller aux contraventions qui pourroient être faites au présent Reglement de Police, lequel Messier prêtera serment entre les mains des Consuls, de fidellement exercer le dû de sa charge, pour le salaire duquel le Conseil lui assignera une portion sur les amendes ; lorsque ledit Messier aura déclaré l'amende à un particulier, celui-ci sera tenu la payer entre les mains du Messier, qui sera tenu en rendre compte de suite aux Consuls, et si le particulier amendé refuse, ledit Messier pourra se saisir d'un éffet dudit particulier pour gage de l'amende, lequel éffet il remettra aux Consuls, d'ou le particulier pourra le retirer en payant l'amende pendant le délai de huitaine, passé lequel lesdits Consuls sont autorisés à faire vendre sommairement, sans frais et à l'enchere, ledit éffet, et s'il produit plus que l'amende, le surplus sera remis à l'amendé ; et si quelqu'un insulte ledit Messier, ou lui résiste, sera puni en double amende par les Consuls ; et s'il le bat, leur sera fait le procès à la diligence des Consuls et communauté, et aux dépens d'icelle.

XLVIII. — Si, dans le cas où le ministere des Consuls est nécessaire, ou qu'il soit besoin d'interposer leur autorité, lesdits Consuls étoient malades ou absens, ou l'un d'eux, seront remplacés par les anciens du Conseil de la Communauté, auquel effet, lors de la nomination des Consuls, on faira prêter serment aux deux anciens du

Conseil de la Communauté pour remplir les fonctions de Consuls subsidiaires ; le public sera tenu obéir lorsqu'ils seront en fonctions, comme aux Consuls en personne.

XLIX. — Et attendu qu'il n'y a aucuns biens communs dans certaines Communautés et que le plus souvent les Consuls, pour l'avantage et l'utilité publique, ont besoin de certain argent si pressé à n'avoir le temps de s'adresser à Monseigneur l'Intendant pour obtenir la permission de l'imposer et en faire la levée, il sera nommé en assemblée générale de la Communauté, quatre personnes connoisseurs et de probité pour faire le département et un rôle sans frais de la somme qui sera convenue en ladite assemblée, laquelle ne pourra excéder celle de quinze livres, lequel département se faira selon l'emploi qui devra en être fait, au marc la livre des impositions, au marc la livre de la capitation, personnellement ou suivant qu'il sera le plus équitable ; ledit rôle fait, chaque particulier sera tenu payer sa portion és-mains du collecteur dans le temps indiqué, faute de quoi les Consuls pourront lui faire prendre un effet chez lui et le faire vendre sommairement à l'enchere pour le paiement de ladite cotisation, et le surplus lui sera rendu, le collecteur sera tenu rendre compte de ladite levée à la première requisition aux Consuls et Conseil de la Communauté, à peine de quarante sols d'amende et d'être contraint par les voies ordinaires avec dépens, dommages et intérêts.

L. — Dans tous les cas où les particuliers refuseront de payer les cotisations ou amendes, ou de délivrer un gage au Messier pour être vendu, s'il n'est retiré dans huitaine, les Consuls, assistés d'un nombre de prud'hommes, iront chez le réfractaire, lui fairont délivrer l'effet au Messier, s'il ne paye, et le puniront en une amende de vingt sols ; et s'il fait rébellion auxdits Consuls et prud'hommes, sera arrêté sur-le-champ et le procès lui sera fait en la forme de droit et suivant la rigueur des Ordonnances.

LI. — Aucune faculté ni entreprise, soit perpétuelle ou momentanée, sur ce qui regarde le commun, soit chemins, vacans, rivieres, fontaines, abreuvoirs, passages qui n'auroient été permises par le Conseil de la Communauté, ne vaudront ; et si aucunes permissions de cette nature étoient données par les Consuls seulement, seront de nul effet et valeur, étant défendu aux Consuls d'en donner à peine d'être punis par le Conseil politique en quarante sols d'amende, et aux particuliers de s'en servir à peine de vingt sols d'amende, et du double en cas de récidive.

LII. — Dans les bois de la Vallée où les descentes sont rapides, toutes les fois que lesdites descentes seront mouillées ou glacées, aucun ne pourra jetter de grosses pièces de bois sous peine de dix sols d'amende, et du double au cas de récidive ; et en outre s'il fait prendre mal à aucune bête, sera tenu envers le maître en tous dépens, dommages et intérêts ; pourront néanmoins tous particuliers jetter bois aux heures que les bestiaux ne sont pas au paturage, dans le quartier, à la charge de crier et avertir à haute et intelligible voix avant l'éboulement, afin de prévenir ceux qui seront aux environs.

LIII. — En conformité des Lettres patentes du treize décembre mil sept cent quarante, aucun Consul de la Vallée, pendant l'année de son consulat, ne pourra être établi Sequestre que pour des sommes dues à Sa Majesté ; si par malice ou autrement aucun Huissier établit Sequestre aucun Consul hors le cas ci-dessus, il en sera fait plainte à la Personne publique, qui, aux frais de la Communauté d'où sera le Consul, le fera décharger du sequestrage, et faira condamner l'Huissier aux peines portées par lesdites Lettres-patentes, avec dépens.

LIV. — Le pays étant couvert de neige une partie de l'année, la jeunesse s'amuse a jetter des neigées, ce qui cause souvent des querelles sérieuses ; afin de prévenir de pareils inconvéniens, est défendu à toutes personnes de jetter des neigées sous quelque prétexte que ce soit, sous peine de vingt sols d'amende, et du double en cas de récidive ; et sous mêmes peines est défendu de faire des glissoires dans les rues et dans les chemins.

LV. — Est défendu de tirer aux pigeons avec armes à feu, ni d'en faire la chasse d'aucune maniere que ce soit : celui qui contreviendra au présent article sera puni par les Consuls en quarante sols d'amende, et en outre poursuivi criminellement suivant la rigueur des Ordonnances, et comme voleur.

LVI. — Est aussi défendu à toutes personnes de quel sexe, qualité et condition quelles soient, de faire des cherivaris à quelle occasion et sous quelque prétexte que ce soit à peine d'être puni par les Consuls en une somme de trois livres chacun d'amende, et d'être arrêtés et poursuivis criminellement comme perturbateurs du repos et tranquillité publique ; et aux consuls, d'accorder la permission de faire des cherivaris, ni de les tolérer sous peine d'être reputés complices, et poursuivis criminellement.

LVII. — Le présent Réglement de Police sera entièrement lu en Assemblée générale de chaque Communauté au commencement de toutes les années et au commencement des mois de juillet et d'octobre, pour avertir ceux qui ont des pieces le long des chemins, de régler les fermures de leurs possessions ainsi qu'il est prescrit par les Articles treize et quatorze ; leur ordonner de se conformer au surplus de ce qui est porté par le présent, à la quelle lecture des dits Consuls seront tenus aux dites trois époques à peine de la somme de trois livres d'amende.

LVIII. — Dès aussi-tôt que les Consuls seront remplacés et sortiront charge, présenteront compte de leurs recettes et dépenses à l'Assemblée de la Communauté, laquelle nommera quatre personnes compétentes et non suspectes pour vérifier et cloturer ledit compte sur les pieces justificatives, ladite cloture faite et reliqua payé, si point y en a, ledit compte clôturé, avec la décharge au bas et les pieces justificatives, seront mis ès archives de la Communauté, et si lesdits Consuls refusoient, y seront contraints par les nouveaux Consuls par les voies de droit, et au paiement d'une amende de la somme de six livres, à quoi le Conseil politique sera tenu veiller, ainsi qu'à l'exécution du présent Réglement, à peine d'être punis à la diligence de la Personne publique en la somme de dix livres d'amende, au paiement de laquelle ils seront tous solidaires et sans qu'il puissent la répéter ni contre les Consuls, ni contre la Communauté.

Fait, lu et récité en Assemblée générale de ladite Vallée de Barousse, tenue à Mauleon le vingt-six Janvier mil sept cent soixante-six ; laquelle Assemblée, par la délibération qu'elle a prise le susdit jour article six, a agré et approuvé le présent Reglement de Police contenant cinquante-huit articles, et qui, ce faisant, a chargé le sieur Dutrey, Syndic, d'en poursuivre l'autorisation par devant qui il appartiendra, et après l'autorisation de le faire imprimer.

En foi de ce avons signé à Mauleon les an et jour que dessus.

NOGUIEZ, SOULÉ-LAFONT, SENS, signés.

EXTRAIT DES RÉGISTRES DU PARLEMENT

Sur la requête de soit montré au Procureur-Général du Roi présenté à la Cour le 2 Avril 1772 par le sieur Pierre Dutrey, Syndic général des Etats des quatre Vallées, pour demander qu'il lui plaise homologuer et autoriser le Reglement du 26 Janvier 1766 ; et en conséquence ordonner qu'il sera exécuté dans toute l'étendue de la Vallée de Barousse selon sa forme et teneur, avec défenses à toutes personnes de le méconnoître et de se refuser à son exécution à peine de 1000 livres d'amende et d'enquis, et qu'en conséquence ledit Reglement sera imprimé, lu, publié et affiché partout ou besoin sera.

Vu ladite Requête et Ordonnance de soit montré du susdit jour, collationné de la délibération de la Vallée de Barousse du 26 Janvier 1766, Reglement de Police des Communautés composant la Vallée dudit Barousse dudit jour 26 Janvier 1766 ; ensemble les dire et conclusions du Procureur-Général du Roi mises au bas de ladite Requête,

La Cour, ayant égard à ladite Requête, a homologué et homologue le Reglement de Police des Communautés composant la Vallée de Barousse du susdit jour 26 Janvier 1766 ; ce faisant a ordonné et ordonne qu'il sera exécuté dans toute l'étendue de la Vallée selon sa forme et teneur, avec inhibitions et défenses à toutes personnes de le méconnoître et de se refuser à son exécution à peine de 1000 livres d'amende et d'enquis ; a ordonné et ordonne que ledit Reglement sera imprimé, lu, publié et affiché par-tout ou besoin sera.

Prononcé à Toulouse en parlement le 16 Mai 1772.

Collationné, ESPAGNOU, signé.

Monsieur de CARBON, Rapporteur.

Contrôle, 3 liv. 10 sols, VERLHAC, signé.

Lu, Collationné et Certifié exactement conforme à l'original par nous, Achille PLAMMAJOU, Juge de paix du Canton de Mauléon-Barousse.

Mauléon-Barousse, le 13 Novembre 1893.

Le Juge de Paix,

PLAMMAJOU.

N. B. — Ce document est la reproduction textuelle et intégrale du Règlement qui fut imprimé en 1772.

TARBES. — J.-A. LESCAMELA, IMPRIMEUR DE LA PRÉFECTURE.